Mein Heimathafen

Das geniale Bautagebuch für Hausbauer

Die Hafenprinzessin

Dieses Buch gehört:

_____

Neubau, Anbau, Umbau oder Renovierungsprojekt

Straße und Hausnummer: _____

_____

Dieses Buch wurde geschenkt/überreicht von:

_____

(Name/Stempel/Visitenkarte einkleben etc.)

Impressum

Verantwortlich

Christian Flick / Mathias Weber

youneo projects flick und weber GbR, Poststraße 1, 49326 Melle

info@youneoprojects.de, www.youneoprojects.de

Herstellung und Verlag

BoD - Books on Demand, Norderstedt

Bildquellen

© NatBasil/shutterstock (Cover), ddok/shutterstock

ISBN: 9783746026381

Allgemeine Notizen zum Projekt:

Woche 1

In dieser Woche wurden folgende Abschnitte erfolgreich erledigt:

_____

_____

In dieser Woche gab es folgende besondere Herausforderungen und/oder Probleme:

_____

_____

In dieser Woche hatten wir fleißige Hilfe von folgenden „Händen" (Familie, Nachbar etc.):

_____

_____

Die Stimmung in dieser Woche war (bitte ankreuzen):

○ 😃 sehr gut / gerne wieder   ○ 😐 durchwachsen / geht so   ○ 😟 nächste Frage bitte

Liegen wir noch in unserer Zeitplanung? (bitte ankreuzen):

○ ✔ ja   ○ ✖ nein

Optionale Verzögerungsdauer in Tagen:

_____

Auf dieser Seite können Sie Fotos vom Bauabschnitt dieser Hausbauwoche einkleben, ein nettes Erlebnis als Text festhalten, ein Anlieferetikett als humorvollen Beitrag einkleben oder auch selbst kreative Skizzen einzeichnen etc.:

Woche 2

Datum: _____

In dieser Woche wurden folgende Abschnitte erfolgreich erledigt:

_____

_____

In dieser Woche gab es folgende besondere Herausforderungen und/oder Probleme:

_____

_____

In dieser Woche hatten wir fleißige Hilfe von folgenden „Händen" (Familie, Nachbar etc.):

_____

_____

Die Stimmung in dieser Woche war (bitte ankreuzen):

○ ☺ sehr gut / gerne wieder   ○ 😐 durchwachsen / geht so   ○ ☹ nächste Frage bitte

Liegen wir noch in unserer Zeitplanung? (bitte ankreuzen):

○ ✔ ja   ○ ✖ nein

Optionale Verzögerungsdauer in Tagen:

_____

Auf dieser Seite können Sie Fotos vom Bauabschnitt dieser Hausbauwoche einkleben, ein nettes Erlebnis als Text festhalten, ein Anlieferetikett als humorvollen Beitrag einkleben oder auch selbst kreative Skizzen einzeichnen etc.:

Woche 3

Datum: _____

In dieser Woche wurden folgende Abschnitte erfolgreich erledigt:

_____

_____

In dieser Woche gab es folgende besondere Herausforderungen und/oder Probleme:

_____

_____

In dieser Woche hatten wir fleißige Hilfe von folgenden „Händen" (Familie, Nachbar etc.):

_____

_____

Die Stimmung in dieser Woche war (bitte ankreuzen):

○ ☺ sehr gut / gerne wieder   ○ 😐 durchwachsen / geht so   ○ ☹ nächste Frage bitte

Liegen wir noch in unserer Zeitplanung? (bitte ankreuzen):

○ ✔ ja   ○ ✘ nein

Optionale Verzögerungsdauer in Tagen:

_____

Auf dieser Seite können Sie Fotos vom Bauabschnitt dieser Hausbauwoche einkleben, ein nettes Erlebnis als Text festhalten, ein Anlieferetikett als humorvollen Beitrag einkleben oder auch selbst kreative Skizzen einzeichnen etc.:

Woche 4

Datum: _____

In dieser Woche wurden folgende Abschnitte erfolgreich erledigt:

_____

_____

In dieser Woche gab es folgende besondere Herausforderungen und/oder Probleme:

_____

_____

In dieser Woche hatten wir fleißige Hilfe von folgenden „Händen" (Familie, Nachbar etc.):

_____

_____

Die Stimmung in dieser Woche war (bitte ankreuzen):

◯ 🙂 sehr gut / gerne wieder   ◯ 😐 durchwachsen / geht so   ◯ ☹️ nächste Frage bitte

Liegen wir noch in unserer Zeitplanung? (bitte ankreuzen):

◯ ✔ ja   ◯ ✖ nein

Optionale Verzögerungsdauer in Tagen:

_____

Auf dieser Seite können Sie Fotos vom Bauabschnitt dieser Hausbauwoche einkleben, ein nettes Erlebnis als Text festhalten, ein Anlieferetikett als humorvollen Beitrag einkleben oder auch selbst kreative Skizzen einzeichnen etc.:

Woche 5

In dieser Woche wurden folgende Abschnitte erfolgreich erledigt:

_____

_____

In dieser Woche gab es folgende besondere Herausforderungen und/oder Probleme:

_____

_____

In dieser Woche hatten wir fleißige Hilfe von folgenden „Händen" (Familie, Nachbar etc.):

_____

_____

Die Stimmung in dieser Woche war (bitte ankreuzen):

○ ☺ sehr gut / gerne wieder   ○ 😐 durchwachsen / geht so   ○ ☹ nächste Frage bitte

Liegen wir noch in unserer Zeitplanung? (bitte ankreuzen):

○ ✔ ja   ○ ✘ nein

Optionale Verzögerungsdauer in Tagen:

_____

14

Auf dieser Seite können Sie Fotos vom Bauabschnitt dieser Hausbauwoche einkleben, ein nettes Erlebnis als Text festhalten, ein Anlieferetikett als humorvollen Beitrag einkleben oder auch selbst kreative Skizzen einzeichnen etc.:

Woche 6

Datum: _____

In dieser Woche wurden folgende Abschnitte erfolgreich erledigt:

_____

_____

In dieser Woche gab es folgende besondere Herausforderungen und/oder Probleme:

_____

_____

In dieser Woche hatten wir fleißige Hilfe von folgenden „Händen" (Familie, Nachbar etc.):

_____

_____

Die Stimmung in dieser Woche war (bitte ankreuzen):

○ 🙂 sehr gut / gerne wieder   ○ 😐 durchwachsen / geht so   ○ 🙁 nächste Frage bitte

Liegen wir noch in unserer Zeitplanung? (bitte ankreuzen):

○ ✔ ja   ○ ✖ nein

Optionale Verzögerungsdauer in Tagen:

_____

Auf dieser Seite können Sie Fotos vom Bauabschnitt dieser Hausbauwoche einkleben, ein nettes Erlebnis als Text festhalten, ein Anlieferetikett als humorvollen Beitrag einkleben oder auch selbst kreative Skizzen einzeichnen etc.:

Woche 7

Datum: _____

In dieser Woche wurden folgende Abschnitte erfolgreich erledigt:

_____

_____

In dieser Woche gab es folgende besondere Herausforderungen und/oder Probleme:

_____

_____

In dieser Woche hatten wir fleißige Hilfe von folgenden „Händen" (Familie, Nachbar etc.):

_____

_____

Die Stimmung in dieser Woche war (bitte ankreuzen):

○ ☺ sehr gut / gerne wieder   ○ 😐 durchwachsen / geht so   ○ ☹ nächste Frage bitte

Liegen wir noch in unserer Zeitplanung? (bitte ankreuzen):

○ ✔ ja   ○ ✖ nein

Optionale Verzögerungsdauer in Tagen:

_____

Auf dieser Seite können Sie Fotos vom Bauabschnitt dieser Hausbauwoche einkleben, ein nettes Erlebnis als Text festhalten, ein Anlieferetikett als humorvollen Beitrag einkleben oder auch selbst kreative Skizzen einzeichnen etc.:

Woche 8

Datum: _____

In dieser Woche wurden folgende Abschnitte erfolgreich erledigt:

_____

_____

In dieser Woche gab es folgende besondere Herausforderungen und/oder Probleme:

_____

_____

In dieser Woche hatten wir fleißige Hilfe von folgenden „Händen" (Familie, Nachbar etc.):

_____

_____

Die Stimmung in dieser Woche war (bitte ankreuzen):

○ 🙂 sehr gut / gerne wieder   ○ 😐 durchwachsen / geht so   ○ 🙁 nächste Frage bitte

Liegen wir noch in unserer Zeitplanung? (bitte ankreuzen):

○ ✔ ja   ○ ✘ nein

Optionale Verzögerungsdauer in Tagen:

_____

Auf dieser Seite können Sie Fotos vom Bauabschnitt dieser Hausbauwoche einkleben, ein nettes Erlebnis als Text festhalten, ein Anlieferetikett als humorvollen Beitrag einkleben oder auch selbst kreative Skizzen einzeichnen etc.:

Woche 9

Datum: _____

In dieser Woche wurden folgende Abschnitte erfolgreich erledigt:

_____

_____

In dieser Woche gab es folgende besondere Herausforderungen und/oder Probleme:

_____

_____

In dieser Woche hatten wir fleißige Hilfe von folgenden „Händen" (Familie, Nachbar etc.):

_____

_____

Die Stimmung in dieser Woche war (bitte ankreuzen):

○ ☺ sehr gut / gerne wieder   ○ 😐 durchwachsen / geht so   ○ ☹ nächste Frage bitte

Liegen wir noch in unserer Zeitplanung? (bitte ankreuzen):

○ ✔ ja   ○ ✖ nein

Optionale Verzögerungsdauer in Tagen:

_____

Auf dieser Seite können Sie Fotos vom Bauabschnitt dieser Hausbauwoche einkleben, ein nettes Erlebnis als Text festhalten, ein Anlieferetikett als humorvollen Beitrag einkleben oder auch selbst kreative Skizzen einzeichnen etc.:

Woche 10

In dieser Woche wurden folgende Abschnitte erfolgreich erledigt:

_____

_____

In dieser Woche gab es folgende besondere Herausforderungen und/oder Probleme:

_____

_____

In dieser Woche hatten wir fleißige Hilfe von folgenden „Händen" (Familie, Nachbar etc.):

_____

_____

Die Stimmung in dieser Woche war (bitte ankreuzen):

○ 🙂 sehr gut / gerne wieder   ○ 😐 durchwachsen / geht so   ○ 🙁 nächste Frage bitte

Liegen wir noch in unserer Zeitplanung? (bitte ankreuzen):

○ ✔ ja   ○ ✖ nein

Optionale Verzögerungsdauer in Tagen:

_____

Auf dieser Seite können Sie Fotos vom Bauabschnitt dieser Hausbauwoche einkleben, ein nettes Erlebnis als Text festhalten, ein Anlieferetikett als humorvollen Beitrag einkleben oder auch selbst kreative Skizzen einzeichnen etc.:

Woche II

Datum: _____

In dieser Woche wurden folgende Abschnitte erfolgreich erledigt:

_____

_____

In dieser Woche gab es folgende besondere Herausforderungen und/oder Probleme:

_____

_____

In dieser Woche hatten wir fleißige Hilfe von folgenden „Händen" (Familie, Nachbar etc.):

_____

_____

Die Stimmung in dieser Woche war (bitte ankreuzen):

○ 🙂 sehr gut / gerne wieder   ○ 😐 durchwachsen / geht so   ○ 🙁 nächste Frage bitte

Liegen wir noch in unserer Zeitplanung? (bitte ankreuzen):

○ ✔ ja   ○ ✖ nein

Optionale Verzögerungsdauer in Tagen:

_____

Auf dieser Seite können Sie Fotos vom Bauabschnitt dieser Hausbauwoche einkleben, ein nettes Erlebnis als Text festhalten, ein Anlieferetikett als humorvollen Beitrag einkleben oder auch selbst kreative Skizzen einzeichnen etc.:

Woche 12

Datum: _____

In dieser Woche wurden folgende Abschnitte erfolgreich erledigt:

_____

_____

In dieser Woche gab es folgende besondere Herausforderungen und/oder Probleme:

_____

_____

In dieser Woche hatten wir fleißige Hilfe von folgenden „Händen" (Familie, Nachbar etc.):

_____

_____

Die Stimmung in dieser Woche war (bitte ankreuzen):

○ ☺ sehr gut / gerne wieder   ○ 😐 durchwachsen / geht so   ○ ☹ nächste Frage bitte

Liegen wir noch in unserer Zeitplanung? (bitte ankreuzen):

○ ✔ ja   ○ ✖ nein

Optionale Verzögerungsdauer in Tagen:

_____

Auf dieser Seite können Sie Fotos vom Bauabschnitt dieser Hausbauwoche einkleben, ein nettes Erlebnis als Text festhalten, ein Anlieferetikett als humorvollen Beitrag einkleben oder auch selbst kreative Skizzen einzeichnen etc.:

Woche 13

In dieser Woche wurden folgende Abschnitte erfolgreich erledigt:

_____

_____

In dieser Woche gab es folgende besondere Herausforderungen und/oder Probleme:

_____

_____

In dieser Woche hatten wir fleißige Hilfe von folgenden „Händen" (Familie, Nachbar etc.):

_____

_____

Die Stimmung in dieser Woche war (bitte ankreuzen):

○ 🙂 sehr gut / gerne wieder   ○ 😐 durchwachsen / geht so   ○ ☹️ nächste Frage bitte

Liegen wir noch in unserer Zeitplanung? (bitte ankreuzen):

○ ✔ ja   ○ ✘ nein

Optionale Verzögerungsdauer in Tagen:

_____

Auf dieser Seite können Sie Fotos vom Bauabschnitt dieser Hausbauwoche einkleben, ein nettes Erlebnis als Text festhalten, ein Anlieferetikett als humorvollen Beitrag einkleben oder auch selbst kreative Skizzen einzeichnen etc.:

Woche 14

In dieser Woche wurden folgende Abschnitte erfolgreich erledigt:

_____

_____

In dieser Woche gab es folgende besondere Herausforderungen und/oder Probleme:

_____

_____

In dieser Woche hatten wir fleißige Hilfe von folgenden „Händen" (Familie, Nachbar etc.):

_____

_____

Die Stimmung in dieser Woche war (bitte ankreuzen):

○ 🙂 sehr gut / gerne wieder   ○ 😐 durchwachsen / geht so   ○ 🙁 nächste Frage bitte

Liegen wir noch in unserer Zeitplanung? (bitte ankreuzen):

○ ✔ ja   ○ ✖ nein

Optionale Verzögerungsdauer in Tagen:

_____

32

Auf dieser Seite können Sie Fotos vom Bauabschnitt dieser Hausbauwoche einkleben, ein nettes Erlebnis als Text festhalten, ein Anlieferetikett als humorvollen Beitrag einkleben oder auch selbst kreative Skizzen einzeichnen etc.:

Woche 15

Datum: _____

In dieser Woche wurden folgende Abschnitte erfolgreich erledigt:

_____

_____

In dieser Woche gab es folgende besondere Herausforderungen und/oder Probleme:

_____

_____

In dieser Woche hatten wir fleißige Hilfe von folgenden „Händen" (Familie, Nachbar etc.):

_____

_____

Die Stimmung in dieser Woche war (bitte ankreuzen):

○ 🙂 sehr gut / gerne wieder   ○ 😐 durchwachsen / geht so   ○ 🙁 nächste Frage bitte

Liegen wir noch in unserer Zeitplanung? (bitte ankreuzen):

○ ✔ ja   ○ ✖ nein

Optionale Verzögerungsdauer in Tagen:

_____

Auf dieser Seite können Sie Fotos vom Bauabschnitt dieser Hausbauwoche einkleben, ein nettes Erlebnis als Text festhalten, ein Anlieferetikett als humorvollen Beitrag einkleben oder auch selbst kreative Skizzen einzeichnen etc.:

Woche 16

Datum: _____

In dieser Woche wurden folgende Abschnitte erfolgreich erledigt:

_____

_____

In dieser Woche gab es folgende besondere Herausforderungen und/oder Probleme:

_____

_____

In dieser Woche hatten wir fleißige Hilfe von folgenden „Händen" (Familie, Nachbar etc.):

_____

_____

Die Stimmung in dieser Woche war (bitte ankreuzen):

○ ☺ sehr gut / gerne wieder   ○ 😐 durchwachsen / geht so   ○ ☹ nächste Frage bitte

Liegen wir noch in unserer Zeitplanung? (bitte ankreuzen):

○ ✔ ja   ○ ✘ nein

Optionale Verzögerungsdauer in Tagen:

_____

Auf dieser Seite können Sie Fotos vom Bauabschnitt dieser Hausbauwoche einkleben, ein nettes Erlebnis als Text festhalten, ein Anlieferetikett als humorvollen Beitrag einkleben oder auch selbst kreative Skizzen einzeichnen etc.:

Woche 17

Datum: _____

In dieser Woche wurden folgende Abschnitte erfolgreich erledigt:

_____

_____

In dieser Woche gab es folgende besondere Herausforderungen und/oder Probleme:

_____

_____

In dieser Woche hatten wir fleißige Hilfe von folgenden „Händen" (Familie, Nachbar etc.):

_____

_____

Die Stimmung in dieser Woche war (bitte ankreuzen):

○ 😊 sehr gut / gerne wieder   ○ 😐 durchwachsen / geht so   ○ 😞 nächste Frage bitte

Liegen wir noch in unserer Zeitplanung? (bitte ankreuzen):

○ ✔ ja   ○ ✖ nein

Optionale Verzögerungsdauer in Tagen:

_____

Auf dieser Seite können Sie Fotos vom Bauabschnitt dieser Hausbauwoche einkleben, ein nettes Erlebnis als Text festhalten, ein Anlieferetikett als humorvollen Beitrag einkleben oder auch selbst kreative Skizzen einzeichnen etc.:

Woche 18

Datum: _____

In dieser Woche wurden folgende Abschnitte erfolgreich erledigt:

_____

_____

In dieser Woche gab es folgende besondere Herausforderungen und/oder Probleme:

_____

_____

In dieser Woche hatten wir fleißige Hilfe von folgenden „Händen" (Familie, Nachbar etc.):

_____

_____

Die Stimmung in dieser Woche war (bitte ankreuzen):

○ ☺ sehr gut / gerne wieder   ○ 😐 durchwachsen / geht so   ○ ☹ nächste Frage bitte

Liegen wir noch in unserer Zeitplanung? (bitte ankreuzen):

○ ✔ ja   ○ ✖ nein

Optionale Verzögerungsdauer in Tagen:

_____

Auf dieser Seite können Sie Fotos vom Bauabschnitt dieser Hausbauwoche einkleben, ein nettes Erlebnis als Text festhalten, ein Anlieferetikett als humorvollen Beitrag einkleben oder auch selbst kreative Skizzen einzeichnen etc.:

Woche 19

Datum: _____

In dieser Woche wurden folgende Abschnitte erfolgreich erledigt:

_____

_____

In dieser Woche gab es folgende besondere Herausforderungen und/oder Probleme:

_____

_____

In dieser Woche hatten wir fleißige Hilfe von folgenden „Händen" (Familie, Nachbar etc.):

_____

_____

Die Stimmung in dieser Woche war (bitte ankreuzen):

○ 😊 sehr gut / gerne wieder   ○ 😐 durchwachsen / geht so   ○ ☹ nächste Frage bitte

Liegen wir noch in unserer Zeitplanung? (bitte ankreuzen):

○ ✔ ja   ○ ✖ nein

Optionale Verzögerungsdauer in Tagen:

_____

Auf dieser Seite können Sie Fotos vom Bauabschnitt dieser Hausbauwoche einkleben, ein nettes Erlebnis als Text festhalten, ein Anlieferetikett als humorvollen Beitrag einkleben oder auch selbst kreative Skizzen einzeichnen etc.:

Woche 20

Datum: _____

In dieser Woche wurden folgende Abschnitte erfolgreich erledigt:

_____

_____

In dieser Woche gab es folgende besondere Herausforderungen und/oder Probleme:

_____

_____

In dieser Woche hatten wir fleißige Hilfe von folgenden „Händen" (Familie, Nachbar etc.):

_____

_____

Die Stimmung in dieser Woche war (bitte ankreuzen):

○ 🙂 sehr gut / gerne wieder   ○ 😐 durchwachsen / geht so   ○ ☹ nächste Frage bitte

Liegen wir noch in unserer Zeitplanung? (bitte ankreuzen):

○ ✔ ja   ○ ✖ nein

Optionale Verzögerungsdauer in Tagen:

_____

Auf dieser Seite können Sie Fotos vom Bauabschnitt dieser Hausbauwoche einkleben, ein nettes Erlebnis als Text festhalten, ein Anlieferetikett als humorvollen Beitrag einkleben oder auch selbst kreative Skizzen einzeichnen etc.:

Woche 21

Datum: _____

In dieser Woche wurden folgende Abschnitte erfolgreich erledigt:

_____

_____

In dieser Woche gab es folgende besondere Herausforderungen und/oder Probleme:

_____

_____

In dieser Woche hatten wir fleißige Hilfe von folgenden „Händen" (Familie, Nachbar etc.):

_____

_____

Die Stimmung in dieser Woche war (bitte ankreuzen):

○ 🙂 sehr gut / gerne wieder   ○ 😐 durchwachsen / geht so   ○ 🙁 nächste Frage bitte

Liegen wir noch in unserer Zeitplanung? (bitte ankreuzen):

○ ✔ ja   ○ ✖ nein

Optionale Verzögerungsdauer in Tagen:

_____

Auf dieser Seite können Sie Fotos vom Bauabschnitt dieser Hausbauwoche einkleben, ein nettes Erlebnis als Text festhalten, ein Anlieferetikett als humorvollen Beitrag einkleben oder auch selbst kreative Skizzen einzeichnen etc.:

Woche 22

In dieser Woche wurden folgende Abschnitte erfolgreich erledigt:

_____

_____

In dieser Woche gab es folgende besondere Herausforderungen und/oder Probleme:

_____

_____

In dieser Woche hatten wir fleißige Hilfe von folgenden „Händen" (Familie, Nachbar etc.):

_____

_____

Die Stimmung in dieser Woche war (bitte ankreuzen):

○ ☺ sehr gut / gerne wieder   ○ 😐 durchwachsen / geht so   ○ ☹ nächste Frage bitte

Liegen wir noch in unserer Zeitplanung? (bitte ankreuzen):

○ ✔ ja   ○ ✖ nein

Optionale Verzögerungsdauer in Tagen:

_____

Auf dieser Seite können Sie Fotos vom Bauabschnitt dieser Hausbauwoche einkleben, ein nettes Erlebnis als Text festhalten, ein Anlieferetikett als humorvollen Beitrag einkleben oder auch selbst kreative Skizzen einzeichnen etc.:

Woche 23

In dieser Woche wurden folgende Abschnitte erfolgreich erledigt:

_____

_____

In dieser Woche gab es folgende besondere Herausforderungen und/oder Probleme:

_____

_____

In dieser Woche hatten wir fleißige Hilfe von folgenden „Händen" (Familie, Nachbar etc.):

_____

_____

Die Stimmung in dieser Woche war (bitte ankreuzen):

○ 😊 sehr gut / gerne wieder   ○ 😐 durchwachsen / geht so   ○ ☹ nächste Frage bitte

Liegen wir noch in unserer Zeitplanung? (bitte ankreuzen):

○ ✔ ja   ○ ✖ nein

Optionale Verzögerungsdauer in Tagen:

_____

Auf dieser Seite können Sie Fotos vom Bauabschnitt dieser Hausbauwoche einkleben, ein nettes Erlebnis als Text festhalten, ein Anlieferetikett als humorvollen Beitrag einkleben oder auch selbst kreative Skizzen einzeichnen etc.:

Woche 24

Datum: _____

In dieser Woche wurden folgende Abschnitte erfolgreich erledigt:

_____

_____

In dieser Woche gab es folgende besondere Herausforderungen und/oder Probleme:

_____

_____

In dieser Woche hatten wir fleißige Hilfe von folgenden „Händen" (Familie, Nachbar etc.):

_____

_____

Die Stimmung in dieser Woche war (bitte ankreuzen):

○ 🙂 sehr gut / gerne wieder   ○ 😐 durchwachsen / geht so   ○ 🙁 nächste Frage bitte

Liegen wir noch in unserer Zeitplanung? (bitte ankreuzen):

○ ✔ ja   ○ ✖ nein

Optionale Verzögerungsdauer in Tagen:

_____

Auf dieser Seite können Sie Fotos vom Bauabschnitt dieser Hausbauwoche einkleben, ein nettes Erlebnis als Text festhalten, ein Anlieferetikett als humorvollen Beitrag einkleben oder auch selbst kreative Skizzen einzeichnen etc.:

Woche 25

In dieser Woche wurden folgende Abschnitte erfolgreich erledigt:

_____

_____

In dieser Woche gab es folgende besondere Herausforderungen und/oder Probleme:

_____

_____

In dieser Woche hatten wir fleißige Hilfe von folgenden „Händen" (Familie, Nachbar etc.):

_____

_____

Die Stimmung in dieser Woche war (bitte ankreuzen):

○ 🙂 sehr gut / gerne wieder   ○ 😐 durchwachsen / geht so   ○ 🙁 nächste Frage bitte

Liegen wir noch in unserer Zeitplanung? (bitte ankreuzen):

○ ✔ ja   ○ ✖ nein

Optionale Verzögerungsdauer in Tagen:

_____

Auf dieser Seite können Sie Fotos vom Bauabschnitt dieser Hausbauwoche einkleben, ein nettes Erlebnis als Text festhalten, ein Anlieferetikett als humorvollen Beitrag einkleben oder auch selbst kreative Skizzen einzeichnen etc.:

Woche 26

Datum: _____

In dieser Woche wurden folgende Abschnitte erfolgreich erledigt:

_____

_____

In dieser Woche gab es folgende besondere Herausforderungen und/oder Probleme:

_____

_____

In dieser Woche hatten wir fleißige Hilfe von folgenden „Händen" (Familie, Nachbar etc.):

_____

_____

Die Stimmung in dieser Woche war (bitte ankreuzen):

○ ☺ sehr gut / gerne wieder   ○ 😐 durchwachsen / geht so   ○ ☹ nächste Frage bitte

Liegen wir noch in unserer Zeitplanung? (bitte ankreuzen):

○ ✔ ja   ○ ✖ nein

Optionale Verzögerungsdauer in Tagen:

_____

Auf dieser Seite können Sie Fotos vom Bauabschnitt dieser Hausbauwoche einkleben, ein nettes Erlebnis als Text festhalten, ein Anlieferetikett als humorvollen Beitrag einkleben oder auch selbst kreative Skizzen einzeichnen etc.:

Woche 27

In dieser Woche wurden folgende Abschnitte erfolgreich erledigt:

_____

_____

In dieser Woche gab es folgende besondere Herausforderungen und/oder Probleme:

_____

_____

In dieser Woche hatten wir fleißige Hilfe von folgenden „Händen" (Familie, Nachbar etc.):

_____

_____

Die Stimmung in dieser Woche war (bitte ankreuzen):

○ ☺ sehr gut / gerne wieder   ○ 😐 durchwachsen / geht so   ○ ☹ nächste Frage bitte

Liegen wir noch in unserer Zeitplanung? (bitte ankreuzen):

○ ✔ ja   ○ ✖ nein

Optionale Verzögerungsdauer in Tagen:

_____

Auf dieser Seite können Sie Fotos vom Bauabschnitt dieser Hausbauwoche einkleben, ein nettes Erlebnis als Text festhalten, ein Anlieferetikett als humorvollen Beitrag einkleben oder auch selbst kreative Skizzen einzeichnen etc.:

Woche 28

In dieser Woche wurden folgende Abschnitte erfolgreich erledigt:

_____

_____

In dieser Woche gab es folgende besondere Herausforderungen und/oder Probleme:

_____

_____

In dieser Woche hatten wir fleißige Hilfe von folgenden „Händen" (Familie, Nachbar etc.):

_____

_____

Die Stimmung in dieser Woche war (bitte ankreuzen):

○ ☺ sehr gut / gerne wieder   ○ 😐 durchwachsen / geht so   ○ ☹ nächste Frage bitte

Liegen wir noch in unserer Zeitplanung? (bitte ankreuzen):

○ ja   ○  nein

Optionale Verzögerungsdauer in Tagen:

_____

Auf dieser Seite können Sie Fotos vom Bauabschnitt dieser Hausbauwoche einkleben, ein nettes Erlebnis als Text festhalten, ein Anlieferetikett als humorvollen Beitrag einkleben oder auch selbst kreative Skizzen einzeichnen etc.:

Woche 29

In dieser Woche wurden folgende Abschnitte erfolgreich erledigt:

_____

_____

In dieser Woche gab es folgende besondere Herausforderungen und/oder Probleme:

_____

_____

In dieser Woche hatten wir fleißige Hilfe von folgenden „Händen" (Familie, Nachbar etc.):

_____

_____

Die Stimmung in dieser Woche war (bitte ankreuzen):

○ 😊 sehr gut / gerne wieder   ○ 😐 durchwachsen / geht so   ○ 🙁 nächste Frage bitte

Liegen wir noch in unserer Zeitplanung? (bitte ankreuzen):

○ ✔ ja   ○ ✖ nein

Optionale Verzögerungsdauer in Tagen:

_____

Auf dieser Seite können Sie Fotos vom Bauabschnitt dieser Hausbauwoche einkleben, ein nettes Erlebnis als Text festhalten, ein Anlieferetikett als humorvollen Beitrag einkleben oder auch selbst kreative Skizzen einzeichnen etc.:

Woche 30

Datum: _____

In dieser Woche wurden folgende Abschnitte erfolgreich erledigt:

_____

_____

In dieser Woche gab es folgende besondere Herausforderungen und/oder Probleme:

_____

_____

In dieser Woche hatten wir fleißige Hilfe von folgenden „Händen" (Familie, Nachbar etc.):

_____

_____

Die Stimmung in dieser Woche war (bitte ankreuzen):

○ ☺ sehr gut / gerne wieder   ○ 😐 durchwachsen / geht so   ○ ☹ nächste Frage bitte

Liegen wir noch in unserer Zeitplanung? (bitte ankreuzen):

○ ✔ ja   ○ ✖ nein

Optionale Verzögerungsdauer in Tagen:

_____

Auf dieser Seite können Sie Fotos vom Bauabschnitt dieser Hausbauwoche einkleben, ein nettes Erlebnis als Text festhalten, ein Anlieferetikett als humorvollen Beitrag einkleben oder auch selbst kreative Skizzen einzeichnen etc.:

Woche 31

Datum: _____

In dieser Woche wurden folgende Abschnitte erfolgreich erledigt:

_____

_____

In dieser Woche gab es folgende besondere Herausforderungen und/oder Probleme:

_____

_____

In dieser Woche hatten wir fleißige Hilfe von folgenden „Händen" (Familie, Nachbar etc.):

_____

_____

Die Stimmung in dieser Woche war (bitte ankreuzen):

○ ☺ sehr gut / gerne wieder   ○ 😐 durchwachsen / geht so   ○ ☹ nächste Frage bitte

Liegen wir noch in unserer Zeitplanung? (bitte ankreuzen):

○ ✔ ja   ○ ✘ nein

Optionale Verzögerungsdauer in Tagen:

_____

Auf dieser Seite können Sie Fotos vom Bauabschnitt dieser Hausbauwoche einkleben, ein nettes Erlebnis als Text festhalten, ein Anlieferetikett als humorvollen Beitrag einkleben oder auch selbst kreative Skizzen einzeichnen etc.:

Woche 32

In dieser Woche wurden folgende Abschnitte erfolgreich erledigt:

_____

_____

In dieser Woche gab es folgende besondere Herausforderungen und/oder Probleme:

_____

_____

In dieser Woche hatten wir fleißige Hilfe von folgenden „Händen" (Familie, Nachbar etc.):

_____

_____

Die Stimmung in dieser Woche war (bitte ankreuzen):

○ ☺ sehr gut / gerne wieder   ○ 😐 durchwachsen / geht so   ○ ☹ nächste Frage bitte

Liegen wir noch in unserer Zeitplanung? (bitte ankreuzen):

○   ja   ○  nein

Optionale Verzögerungsdauer in Tagen:

_____

Auf dieser Seite können Sie Fotos vom Bauabschnitt dieser Hausbauwoche einkleben, ein nettes Erlebnis als Text festhalten, ein Anlieferetikett als humorvollen Beitrag einkleben oder auch selbst kreative Skizzen einzeichnen etc.:

Woche 33

In dieser Woche wurden folgende Abschnitte erfolgreich erledigt:

_____

_____

In dieser Woche gab es folgende besondere Herausforderungen und/oder Probleme:

_____

_____

In dieser Woche hatten wir fleißige Hilfe von folgenden „Händen" (Familie, Nachbar etc.):

_____

_____

Die Stimmung in dieser Woche war (bitte ankreuzen):

○ ☺ sehr gut / gerne wieder   ○ 😐 durchwachsen / geht so   ○ ☹ nächste Frage bitte

Liegen wir noch in unserer Zeitplanung? (bitte ankreuzen):

○ ✔ ja   ○ ✘ nein

Optionale Verzögerungsdauer in Tagen:

_____

Auf dieser Seite können Sie Fotos vom Bauabschnitt dieser Hausbauwoche einkleben, ein nettes Erlebnis als Text festhalten, ein Anlieferetikett als humorvollen Beitrag einkleben oder auch selbst kreative Skizzen einzeichnen etc.:

Woche 34

Datum: _____

In dieser Woche wurden folgende Abschnitte erfolgreich erledigt:

_____

_____

In dieser Woche gab es folgende besondere Herausforderungen und/oder Probleme:

_____

_____

In dieser Woche hatten wir fleißige Hilfe von folgenden „Händen" (Familie, Nachbar etc.):

_____

_____

Die Stimmung in dieser Woche war (bitte ankreuzen):

○ 😊 sehr gut / gerne wieder   ○ 😐 durchwachsen / geht so   ○ 😞 nächste Frage bitte

Liegen wir noch in unserer Zeitplanung? (bitte ankreuzen):

○ ✔ ja   ○ ✘ nein

Optionale Verzögerungsdauer in Tagen:

_____

Auf dieser Seite können Sie Fotos vom Bauabschnitt dieser Hausbauwoche einkleben, ein nettes Erlebnis als Text festhalten, ein Anlieferetikett als humorvollen Beitrag einkleben oder auch selbst kreative Skizzen einzeichnen etc.:

Woche 35

Datum: _____

In dieser Woche wurden folgende Abschnitte erfolgreich erledigt:

_____

_____

In dieser Woche gab es folgende besondere Herausforderungen und/oder Probleme:

_____

_____

In dieser Woche hatten wir fleißige Hilfe von folgenden „Händen" (Familie, Nachbar etc.):

_____

_____

Die Stimmung in dieser Woche war (bitte ankreuzen):

○ 🙂 sehr gut / gerne wieder   ○ 😐 durchwachsen / geht so   ○ 🙁 nächste Frage bitte

Liegen wir noch in unserer Zeitplanung? (bitte ankreuzen):

○ ✔ ja   ○ ✘ nein

Optionale Verzögerungsdauer in Tagen:

_____

Auf dieser Seite können Sie Fotos vom Bauabschnitt dieser Hausbauwoche einkleben, ein nettes Erlebnis als Text festhalten, ein Anlieferetikett als humorvollen Beitrag einkleben oder auch selbst kreative Skizzen einzeichnen etc.:

Woche 36

Datum: _____

In dieser Woche wurden folgende Abschnitte erfolgreich erledigt:

_____

_____

In dieser Woche gab es folgende besondere Herausforderungen und/oder Probleme:

_____

_____

In dieser Woche hatten wir fleißige Hilfe von folgenden „Händen" (Familie, Nachbar etc.):

_____

_____

Die Stimmung in dieser Woche war (bitte ankreuzen):

○ 🙂 sehr gut / gerne wieder   ○ 😐 durchwachsen / geht so   ○ 🙁 nächste Frage bitte

Liegen wir noch in unserer Zeitplanung? (bitte ankreuzen):

○ ✔ ja   ○ ✖ nein

Optionale Verzögerungsdauer in Tagen:

_____

Auf dieser Seite können Sie Fotos vom Bauabschnitt dieser Hausbauwoche einkleben, ein nettes Erlebnis als Text festhalten, ein Anlieferetikett als humorvollen Beitrag einkleben oder auch selbst kreative Skizzen einzeichnen etc.:

Woche 37

Datum: _____

In dieser Woche wurden folgende Abschnitte erfolgreich erledigt:

_____

_____

In dieser Woche gab es folgende besondere Herausforderungen und/oder Probleme:

_____

_____

In dieser Woche hatten wir fleißige Hilfe von folgenden „Händen" (Familie, Nachbar etc.):

_____

_____

Die Stimmung in dieser Woche war (bitte ankreuzen):

○ ☺ sehr gut / gerne wieder   ○ 😐 durchwachsen / geht so   ○ ☹ nächste Frage bitte

Liegen wir noch in unserer Zeitplanung? (bitte ankreuzen):

○ ✔ ja   ○ ✖ nein

Optionale Verzögerungsdauer in Tagen:

_____

Auf dieser Seite können Sie Fotos vom Bauabschnitt dieser Hausbauwoche einkleben, ein nettes Erlebnis als Text festhalten, ein Anlieferetikett als humorvollen Beitrag einkleben oder auch selbst kreative Skizzen einzeichnen etc.:

Woche 38

In dieser Woche wurden folgende Abschnitte erfolgreich erledigt:

_____

_____

In dieser Woche gab es folgende besondere Herausforderungen und/oder Probleme:

_____

_____

In dieser Woche hatten wir fleißige Hilfe von folgenden „Händen" (Familie, Nachbar etc.):

_____

_____

Die Stimmung in dieser Woche war (bitte ankreuzen):

○ ☺ sehr gut / gerne wieder   ○ 😐 durchwachsen / geht so   ○ ☹ nächste Frage bitte

Liegen wir noch in unserer Zeitplanung? (bitte ankreuzen):

○ ✔ ja   ○ ✖ nein

Optionale Verzögerungsdauer in Tagen:

_____

Auf dieser Seite können Sie Fotos vom Bauabschnitt dieser Hausbauwoche einkleben, ein nettes Erlebnis als Text festhalten, ein Anlieferetikett als humorvollen Beitrag einkleben oder auch selbst kreative Skizzen einzeichnen etc.:

Woche 39

In dieser Woche wurden folgende Abschnitte erfolgreich erledigt:

_____

_____

In dieser Woche gab es folgende besondere Herausforderungen und/oder Probleme:

_____

_____

In dieser Woche hatten wir fleißige Hilfe von folgenden „Händen" (Familie, Nachbar etc.):

_____

_____

Die Stimmung in dieser Woche war (bitte ankreuzen):

◯ ☺ sehr gut / gerne wieder   ◯ 😐 durchwachsen / geht so   ◯ ☹ nächste Frage bitte

Liegen wir noch in unserer Zeitplanung? (bitte ankreuzen):

◯ ✔ ja   ◯ ✖ nein

Optionale Verzögerungsdauer in Tagen:

_____

Auf dieser Seite können Sie Fotos vom Bauabschnitt dieser Hausbauwoche einkleben, ein nettes Erlebnis als Text festhalten, ein Anlieferetikett als humorvollen Beitrag einkleben oder auch selbst kreative Skizzen einzeichnen etc.:

Woche 40

Datum: _____

In dieser Woche wurden folgende Abschnitte erfolgreich erledigt:

_____

_____

In dieser Woche gab es folgende besondere Herausforderungen und/oder Probleme:

_____

_____

In dieser Woche hatten wir fleißige Hilfe von folgenden „Händen" (Familie, Nachbar etc.):

_____

_____

Die Stimmung in dieser Woche war (bitte ankreuzen):

○ 🙂 sehr gut / gerne wieder   ○ 😐 durchwachsen / geht so   ○ 🙁 nächste Frage bitte

Liegen wir noch in unserer Zeitplanung? (bitte ankreuzen):

○ ✔ ja   ○ ✖ nein

Optionale Verzögerungsdauer in Tagen:

_____

Auf dieser Seite können Sie Fotos vom Bauabschnitt dieser Hausbauwoche einkleben, ein nettes Erlebnis als Text festhalten, ein Anlieferetikett als humorvollen Beitrag einkleben oder auch selbst kreative Skizzen einzeichnen etc.:

Woche 41

Datum: _____

In dieser Woche wurden folgende Abschnitte erfolgreich erledigt:

_____

_____

In dieser Woche gab es folgende besondere Herausforderungen und/oder Probleme:

_____

_____

In dieser Woche hatten wir fleißige Hilfe von folgenden „Händen" (Familie, Nachbar etc.):

_____

_____

Die Stimmung in dieser Woche war (bitte ankreuzen):

○ ☺ sehr gut / gerne wieder   ○ 😐 durchwachsen / geht so   ○ ☹ nächste Frage bitte

Liegen wir noch in unserer Zeitplanung? (bitte ankreuzen):

○ ✔ ja   ○ ✘ nein

Optionale Verzögerungsdauer in Tagen:

_____

Auf dieser Seite können Sie Fotos vom Bauabschnitt dieser Hausbauwoche einkleben, ein nettes Erlebnis als Text festhalten, ein Anlieferetikett als humorvollen Beitrag einkleben oder auch selbst kreative Skizzen einzeichnen etc.:

Woche 42

Datum: _____

In dieser Woche wurden folgende Abschnitte erfolgreich erledigt:

_____

_____

In dieser Woche gab es folgende besondere Herausforderungen und/oder Probleme:

_____

_____

In dieser Woche hatten wir fleißige Hilfe von folgenden „Händen" (Familie, Nachbar etc.):

_____

_____

Die Stimmung in dieser Woche war (bitte ankreuzen):

○ 🙂 sehr gut / gerne wieder   ○ 😐 durchwachsen / geht so   ○ ☹️ nächste Frage bitte

Liegen wir noch in unserer Zeitplanung? (bitte ankreuzen):

○ ✔ ja   ○ ✖ nein

Optionale Verzögerungsdauer in Tagen:

_____

Auf dieser Seite können Sie Fotos vom Bauabschnitt dieser Hausbauwoche einkleben, ein nettes Erlebnis als Text festhalten, ein Anlieferetikett als humorvollen Beitrag einkleben oder auch selbst kreative Skizzen einzeichnen etc.:

Woche 43

In dieser Woche wurden folgende Abschnitte erfolgreich erledigt:

_____

_____

In dieser Woche gab es folgende besondere Herausforderungen und/oder Probleme:

_____

_____

In dieser Woche hatten wir fleißige Hilfe von folgenden „Händen" (Familie, Nachbar etc.):

_____

_____

Die Stimmung in dieser Woche war (bitte ankreuzen):

○ ☺ sehr gut / gerne wieder   ○ 😐 durchwachsen / geht so   ○ ☹ nächste Frage bitte

Liegen wir noch in unserer Zeitplanung? (bitte ankreuzen):

○ ✔ ja   ○ ✘ nein

Optionale Verzögerungsdauer in Tagen:

_____

Auf dieser Seite können Sie Fotos vom Bauabschnitt dieser Hausbauwoche einkleben, ein nettes Erlebnis als Text festhalten, ein Anlieferetikett als humorvollen Beitrag einkleben oder auch selbst kreative Skizzen einzeichnen etc.:

Woche 44

Datum: _____

In dieser Woche wurden folgende Abschnitte erfolgreich erledigt:

_____

_____

In dieser Woche gab es folgende besondere Herausforderungen und/oder Probleme:

_____

_____

In dieser Woche hatten wir fleißige Hilfe von folgenden „Händen" (Familie, Nachbar etc.):

_____

_____

Die Stimmung in dieser Woche war (bitte ankreuzen):

○ 😊 sehr gut / gerne wieder   ○ 😐 durchwachsen / geht so   ○ 🙁 nächste Frage bitte

Liegen wir noch in unserer Zeitplanung? (bitte ankreuzen):

○ ✔ ja   ○ ✖ nein

Optionale Verzögerungsdauer in Tagen:

_____

Auf dieser Seite können Sie Fotos vom Bauabschnitt dieser Hausbauwoche einkleben, ein nettes Erlebnis als Text festhalten, ein Anlieferetikett als humorvollen Beitrag einkleben oder auch selbst kreative Skizzen einzeichnen etc.:

Woche 45

In dieser Woche wurden folgende Abschnitte erfolgreich erledigt:

_____

_____

In dieser Woche gab es folgende besondere Herausforderungen und/oder Probleme:

_____

_____

In dieser Woche hatten wir fleißige Hilfe von folgenden „Händen" (Familie, Nachbar etc.):

_____

_____

Die Stimmung in dieser Woche war (bitte ankreuzen):

○ ☺ sehr gut / gerne wieder   ○ 😐 durchwachsen / geht so   ○ ☹ nächste Frage bitte

Liegen wir noch in unserer Zeitplanung? (bitte ankreuzen):

○ ✔ ja   ○ ✖ nein

Optionale Verzögerungsdauer in Tagen:

_____

Auf dieser Seite können Sie Fotos vom Bauabschnitt dieser Hausbauwoche einkleben, ein nettes Erlebnis als Text festhalten, ein Anlieferetikett als humorvollen Beitrag einkleben oder auch selbst kreative Skizzen einzeichnen etc.:

Zusätzlicher Platz für Gedanken, Kreativität und Bauherren-Geschichten:

Zusätzlicher Platz für Gedanken, Kreativität und Bauherren-Geschichten:

Zusätzlicher Platz für Gedanken, Kreativität und Bauherren-Geschichten:

Zusätzlicher Platz für Gedanken, Kreativität und Bauherren-Geschichten:

Zusätzlicher Platz für Gedanken, Kreativität und Bauherren-Geschichten:

Zusätzlicher Platz für Gedanken, Kreativität und Bauherren-Geschichten:

Zusätzlicher Platz für Gedanken, Kreativität und Bauherren-Geschichten:

Zusätzlicher Platz für Gedanken, Kreativität und Bauherren-Geschichten:

Zusätzlicher Platz für Gedanken, Kreativität und Bauherren-Geschichten:

Zusätzlicher Platz für Gedanken, Kreativität und Bauherren-Geschichten:

Zusätzlicher Platz für Gedanken, Kreativität und Bauherren-Geschichten:

Zusätzlicher Platz für Gedanken, Kreativität und Bauherren-Geschichten:

Zusätzlicher Platz für Gedanken, Kreativität und Bauherren-Geschichten: